AFFAIRE

DES PAPIERS

DE

L'EX-CONVENTIONNEL COURTOIS.

PARIS
DELAUNAY, LIBRAIRE AU PALAIS-ROYAL.

1834

AFFAIRE

DES PAPIERS

DE

L'EX-CONVENTIONNEL COURTOIS.

D'atroces persécutions ont été exercées contre l'ex-conventionnel Courtois, mon père.

Son domicile, envahi par la gendarmerie, a été dévasté, sa famille, tout entière, chassée de ses foyers et ses papiers spoliés. Lui-même, quoique frappé par la loi d'amnistie, ne put quitter la France qu'après trois tentatives infructueuses et sous un déguisement qui le sauva des poignards d'une bande d'assassins.

Signaler ces excès, c'est en désigner l'époque : le duc Decazes était alors ministre de la Police.

C'est vainement que, se parant d'une hypocrite modération, il prétend s'être opposé aux vengeances de la restauration ; nous ne sommes que trop accoutumés à cette lâcheté, complice du présent et courtisan de l'avenir : sa retraite seule aurait pu le justifier ; resté au pouvoir, il est l'ordonnateur et le fauteur de tous les crimes de cette époque.

Dans les premiers jours de janvier 1816, un nommé Gerbaut, dénonça le conventionnel Courtois, comme possédant une correspondance politique, qui intéressait au plus haut point le chef de la famille royale. Cette dénonciation fut d'autant mieux accueillie, qu'elle confirmait des bruits déjà répandus depuis long-tems, et que ce même homme, ayant été employé par le conventionnel à l'époque du 9 thermidor, avait furtivement pris copie de quelques pièces qu'il produisit à l'appui de sa déposition.

Ces avis ne pouvaient être négligés, et le 9 *du même mois*, une visite domiciliaire fut faite au domicile du prévenu, par vingt-cinq gendarmes, commandés par le chef d'escadron Robert, sous les ordres d'un baron Benoît, prenant le titre de commissaire du Roi. Les perquisitions les plus rigoureuses furent faites, et une quantité considérable de papiers mis sous les scellés. Il est inutile d'ajouter que des excès de toute espèce furent commis; le ministre avait fait revivre dans son administration les beaux jours de 93. Ce baron Benoît disait hautement qu'il fallait faire justice de ces conventionnels et raser leurs propriétés.

Le lendemain, le préfet de la Meuse, Maussion, rendit compte au ministre de ce qui avait été fait.

Les mesures prises furent vivement approuvées, et on en ordonna la continuation.

Cette capture cependant ne parut pas complète, et, le 6 février suivant, le même préfet rendit un arrêté, qui ordonnait une nouvelle visite domiciliaire et prescrivait l'inventaire de tous les papiers saisis, à l'effet, y est-il dit, de remettre au sieur Courtois ceux de ces papiers qui lui seraient personnels.

Cette disposition satisfaisait au vœu de la loi, mais elle livrait cette proie à des agens secondaires qui pouvaient en abuser; on ne voulait pas que des documens de cette importance passassent sous leurs yeux, et nous allons voir comment le commissaire du Roi, qui avait ses instructions, s'en débarrassa.

Le 9, cet arrêté reçut son exécution. Parmi ces papiers, il se trouvait des manuscrits historiques si importants, que le possesseur se plaisait à regarder comme l'héritage de ses enfans, que, quoique fort malade, il se disposait à assister à l'état descriptif qui devait en être dressé, quand, pris à l'écart par le baron Benoît, pour la seconde fois, il fut conjuré, au nom de sa sûreté personnelle et dans l'intérêt de sa famille, de remettre cette correspondance, objet de ces recherches inquisitoriales. Il était si bien informé, qu'il désigna plusieurs de ces lettres, ajoutant que cette bonne action, non seulement le préserverait de toute atteinte, mais encore lui assurerait la faveur de Sa Majesté. Déçu dans ses espérances, il s'emporta en invectives et chargea d'outrages un vieillard infirme, au point qu'il l'obligea de se retirer, quelque besoin qu'il eût de surveiller les actes de ce misérable. En désespoir de cause, Courtois commit le plus jeune de ses fils pour le remplacer. Maître du terrain par cette retraite, n'ayant plus pour adversaire qu'un écolier timide et sans expérience, le commissaire put librement se livrer à l'arbitraire. Il déclara aussitôt au juge de paix, chargé sous ses ordres de l'opération, que l'inventaire ne serait point fait. Ce magistrat, homme probe qui ne prêtait qu'à regret son ministère à ces violences, ayant insisté pour se conformer aux dispositions du Code d'instruction criminelle et à l'arrêté du préfet, fut aussitôt chargé d'injures, traité d'imbécile et reçut l'injonction d'obéir sans observation. Intimidé par les menaces et par la terreur qui régnait à cette époque, il lui fallut céder. De sorte que, sans examen, sans même avoir pu parcourir un seul de ces documens, il inséra au procès-verbal que, *parmi ces papiers, tous relatifs à la révolution, il ne s'en est trouvé aucun qui ait paru être personnel au sieur Courtois ni à sa famille.* Plus tard, sa conscience lui reprochant cette faiblesse, craignant d'être accusé de complicité dans ce guet-à-pens, il brava tout danger et remit une déclaration bien circonstanciée, qui constate les outrages et les violences qu'il a essuyés. Cette pièce importante est rapportée à la fin de ce mémoire.

Le zèle de Benoît excita tant de reconnaissance, que bientôt nous verrons le duc Decazes demander d'abord un grade dans la gendarmerie, puis la recette de Verdun, pour prix de ses services.

On le verra, sans pudeur, invoquer, pour sa défense devant le tribunal, ce même procès-verbal qui, dit-il, prouve tout à la fois que ces papiers étaient la propriété de l'État, et que le possesseur, atterré par l'évidence, en a fait la déclaration la plus positive.

Si l'inventaire n'a point été fait, ajoute-t-il, c'est du consentement de Courtois, qui en reconnaissait l'inutilité, puisque rien de ce qui avait été saisi ne lui appartenait.

Je confondrai l'imposteur.

Instruit de cet abus de la force, mon père voulut vainement protester; les notaires intimidés refusèrent leur ministère. Son fils se disculpa, en disant que ces expressions du procès-verbal, *rien de personnel au prévenu*, lui avaient paru, ainsi qu'au juge de paix, ne s'appliquer qu'à des titres privés, tels que billets, contrats, etc., ne comprenant pas que l'inventaire étant interdit, sa coopération à un acte, imposé par la violence, devenait tout-à-fait inutile, sinon dangereuse. Pendant cette opération, le commissaire Benoît avait fait investir le domicile du prévenu par trente gendarmes; depuis, le nombre en fut porté jusqu'à quarante.

Le 12 février, le préfet rend compte au ministre de ces perquisitions, et lui fait part que les papiers saisis sont déposés à la préfecture. Par une autre lettre du même jour, il lui annonce aussi l'envoi du testament de Marie-Antoinette. Cette pièce fut volontairement remise; elle ne pouvait être l'objet d'aucunes recherches, puisque son existence n'était connue de personne. Divers actes et l'aveu du ministre lui-même confirment ce fait.

D'après le compte rendu de cette seconde opération, qui avait beaucoup ajouté aux papiers précédemment saisis. S. Exc. vit avec douleur que les pièces *dénoncées par Gerbaut*, lui étaient encore échappées, et le 15 du même mois, le préfet reçoit une lettre de *vifs* reproches, sur ce que Courtois aurait été prévenu de ce qui se tramait contre lui.

Le 23, Maussion répond, pour sa justification, que ses mesures avaient été si bien prises, que le prévenu ignorait complètement les perquisitions qui devaient être faites.

Voici ce qui motivait ces reproches. Si, parmi cette capture, les lettres qui intéressaient si vivement le chef de la famille royale ne se trouvaient pas, quelques matériaux de mémoires du conventionnel en avaient révélé l'existence entre ses mains, et on attribuait leur disparition à quelques avis donnés au possesseur. Aussitôt des visites domiciliaires furent ordonnées dans une foule de lieux pour les recouvrer et pour s'assurer de la personne de Courtois. Quoique exilé, on ne voulait pas qu'il quittât la France; on ne voulait pas qu'il portât à l'étranger un secret aussi important.

Un nommé Dumas, suspecté d'avoir des liaisons avec mon père, eut particulièrement à souffrir des vexations de la police. Le cinq mars, le duc Decazes écrivit au préfet de fouiller sa maison et de s'emparer de tout ce qui serait soupçonné appartenir au conventionnel; il recommande en même tems la surveillance des papiers saisis et encore déposés à la préfecture.

Le 12 du même mois, le ministre adresse un nouveau message pour explorer le domicile d'un nommé Antoine pharmacien à Verdun. Cet ordre fut exécuté le 15 avec beaucoup de rigueur et sans plus de succès que par le passé. Mais ces deux personnes n'en essuyèrent pas moins des violences de toute espèce.

Le 13, le vigilant préfet voulant sans doute ressaisir sa faveur, instruit de nouveau M. Decazes de différentes recherches qu'il a fait faire pour s'assurer de la personne du proscrit. Il ajoute qu'il le croit refugié à Arcis chez la maréchale Brune, ou peut-être à la terre de Misemont. Il termine en assurant qu'il ne pourra échapper.

Sur ces avis, le ministre, sans perdre de tems, étend le cercle des perquisitions et mande le 16 aux préfets de l'Aube et de la Marne, de faire arrêter Courtois dans les lieux qui lui étaient indiqués.

Le 14, nouvelle missive du préfet qui fait part au duc Decazes de l'inutilité de ses recherches et du chagrin qu'il en éprouve, vu, dit-il, *que cet homme possède des papiers précieux dont il est instant de s'emparer.*

Le 16, nouveau procès-verbal de perquisitions avec sept gendarmes, dans différents lieux et jusque dans les citernes de l'abbaye de Beaulieu, au milieu des bois et dans des sites inaccessibles.

Déçu dans cette nouvelle campagne, Maussion honteux de ses défaites annonce enfin qu'il va se saisir du fugitif; il le dit retraité chez Brichard, maire de Lavoye, où il va être cerné. Cette lettre est du 17.

Comme Dumas et Antoine, Brichard eut à souffrir des vexations dignes de l'inquisition. Quant au proscrit, il était trop bien instruit du sort qui lui était réservé, pour ne pas tromper toutes les recherches.

Enfin irrité de tous ces revers, le ministre soupçonnant peut-être, quoique bien à tort assurément, que ce préfet y mettait de la molesse, lui adresse le 22 février une lettre pleine de reproches acerbes. Ce ton d'irritation laisse pressentir la mission qui, deux jours après, fut donnée au nommé Grainay *ancien garde du Corps de Louis XVI.*

En effet poussée à bout, S. E. ne veut plus s'en rapporter qu'à elle-même du soin de s'assurer de sa victime, et le 24, l'ordre est donné au préfet ; d'employer ce Grainay à la poursuite du prévenu.

Un mot sur cet homme : ancien officier de la maison du roi, il rappelle parfaitement le garde du corps Paris.

Avant d'aller plus loin, je proteste d'avance contre toute interprétation. A Dieu ne plaise que j'accuse le duc Decazes d'un lâche assassinat : je dis les faits, le public jugera.

Précédemment, il avait offert son ministère au préfet de la Meuse, assurant qu'il livrerait le conventionnel mort ou vif. Il faut en convenir, quelque ardent persécuteur que fût ce fonctionnaire, son dévouement n'allait pas jusque là ; il repoussa ce misérable avec mépris.

Déçu de ce côté, Grainay pensa que le ministre serait peut-être moins scrupuleux, et le 16 mars, il lui adressa ses offres de services. Elles furent acceptées avec empressement, et dès le 19 le préfet reçut l'ordre de l'employer à la recherche du conventionnel.

Je rends de nouveau justice au préfet Maussion ; quoique pressé chaque jour par les ordres les plus rigoureux, par les reproches les plus acerbes, il ne se démentit pas ; il répondit aussitôt qu'il n'acceptait point le secours de Grainay. Il accueillit fort mal le délégué du ministre et dit publiquement au milieu de ses bureaux : *ceux qui donnent de pareils ordres devraient bien se charger de les exécuter.* Puis, voulant en finir et détourner les poignards, il ajoute dans cette même lettre du 27 mars : *d'ailleurs depuis long-tems Courtois est à Namur.* Ce retour à l'humanité répare en partie les torts qu'il avait à se reprocher. A cette époque mon père n'était point à Namur où il n'a jamais été, et il ne l'ignorait pas.

Quant à Grainay, quoique repoussé une seconde fois par ce fonctionnaire, il disait hautement qu'il avait mission de venger la famille royale et qu'il avait offert de se charger des conventionnels à l'entreprise. A la même époque ce sicaire traitait ses amis et affichait un faste peu d'accord avec sa mauvaise fortune bien connue. De qui tenait-il cette mission, d'où provenaient ces prodigalités?

Je le répète : je n'accuse point, je dis les faits.

Cependant une réflexion bien simple se présente : s'il ne s'était agi que d'une arrestation comme l'assure le duc Decazes, pourquoi le préfet aurait-il deux fois repoussé le zèle de ce *bravi*? Lui qui s'était montré si violent, lui, qui avait fatigué tous ses gendarmes à de vaines recherches, et qui, journellement, se voyait accusé d'impéritie? Il n'aurait certainement pas deux fois repoussé ce garde du corps, s'il n'eût été bien convaincu que cet empressement cachait de sinistres projets. A cette occasion, la conduite de Maussion a été d'accord avec celle qu'il a tenue lors de l'enlèvement des papiers : son arrêté en prescrivait l'inventaire, et il n'a pas tenu à lui qu'il reçût son exécution.

Voyons sur ce fait important la défense du ministre devant le tribunal de première instance.

Je n'ai point pris l'initiative, dit-il, j'ai accepté les services de Grainay, sans l'imposer au préfet.

Pour un moment, admettons cette défense. Quoi! au milieu de ces discordes civiles qui n'excitaient que trop les passions haineuses et cupides, *un ancien officier de la maison de Louis XVI* vous propose de *poursuivre* un conventionnel proscrit, et sans examen, sans réfléchir un seul instant que ce fanatisme et ces *qualités* ne rappellent que trop le *garde du corps Paris*, vous l'accueillez à bras ouverts!

Mais précédemment il avait offert de livrer mon père mort ou vif; en revenant à la charge auprès de vous, quelle idée se faisait-il donc de votre moralité?

On frémit en songeant à l'intérêt pressant de votre maître et à la reconnaissance que vous lui deviez!

Le zèle ardent de cet homme et les qualités qu'il prenait, seuls, devaient vous le faire repousser; seraient-ce au contraire les motifs qui vous l'ont fait accueillir?

Et si, comme vous, fanatisé, ou pressé de ressaisir sa faveur que chaque jour vous menaciez, ce préfet eut accepté ses odieux services; si enfin l'attentat se fût consommé; en homme de cour vous auriez dit que seul il était coupable, puisqu'il n'avait pas reçu d'ordre impératif.

Singulière excuse vraiment que de dire: je n'ai point commandé l'assassinat, je n'ai fait qu'indiquer le meurtrier.

Vous ajoutez toujours: il n'était question que d'arrestation.

Eh! qui jamais a écrit d'assassiner?

En révolution on ne disait pas tuer, mais niveler; en 1816, n'était-ce pas aussi le synonyme d'arrêter?

En 93, arrêter, équivalait aussi à tuer.

Comment expliquer enfin cette âpreté de poursuites? puisque la saisie des papiers du prévenu, l'occupation de son domicile par vos agens et les investigations les plus rigoureuses faites chez tous ses amis, n'avaient pu faire naître une seule charge contre lui; quelle cause d'arrestation restait-il donc? en un mot, que vouliez-vous faire de ce conventionnel? Singulière destinée que la sienne: frappé d'exil il ne pouvait rester sans tomber entre vos mains; ni obéir sans rencontrer les poignards des sicaires.

Qui le croira? M. Decazes n'a pas rougi de dire en plein tribunal, que ce Grainay *était un homme honorable, incapable de choses honteuses.* Honorable! c'est ainsi que ces détestables courtisans ont toujours entendu l'honneur: un dévouement aveugle aux volontés du maître quelque atroces qu'elles soient.

La famille de cet honorable, craignant la publicité et attribuant sa conduite à l'exaltation du moment, m'avait fait prier de ne point le nommer; je n'ai pas dû céder à ces instances, il portera la peine due à son crime.

C'est par erreur qu'il a été dit que Courtois avait signé l'acte additionnel. C'est comme ayant rempli je ne sais quelle charge communale de village, que M. Decazes torturant la loi, a trouvé le moyen de la lui appliquer.

On disait aussi qu'il avait donné asyle au conventionnel Drouet; il ne l'avait pas revu depuis l'époque de la convention. D'ailleurs quelle vraisemblance qu'un proscrit obligé de fuir donne asyle à un autre proscrit !

Je m'arrête; car il est impossible de rapporter toutes les perquisitions, tous les procès-verbaux de battues faites à la fois dans trois départemens, par la gendarmerie et par une foule d'agens de la police. A leur âpreté, aux récompenses qui leur étaient promises on pouvait juger de l'importance attachée à cette proie.

Sans doute on s'étonnera que mon père poursuivi par cette meute de bêtes féroces ait pu échapper à sa fureur. Il le dut à la reconnaissance d'anciens services rendus pendant la révolution. Il était fort exactement informé de ce qui se passait au conseil et par une personne aussi bien instruite que M. Decazes lui-même.

Un premier avis portait : « Tu n'as pas un mo-
» ment à perdre, mon malheureux ami, il faut
» fuir en toute hâte, Gerhaut t'a trahi. La re-
» mise que tu ferais de cette correspondance ne te
» sauverait pas. *On ne veut pas que tu passes*
» *la frontière.* Je t'instruirai, etc. etc. »

Un autre avis était ainsi conçu : « Dans le con-
» seil on s'est beaucoup occupé des convention-
» nels. Trois projets ont été discutés : s'adres-

» ser à l'empereur de Russie pour une déporta-
» tion en Sibérie; les faire disparaître dans des
» mouvemens populaires, et enfin à la loi dite
» d'amnistie. Le second projet plaisait beaucoup,
» on y voyait l'apparence d'une vengeance natio-
» nale; la difficulté seule a fait reculer. Decazes
» ne voulait point de réaction; sa modération le
» fit traiter de Jacobin par la duchesse; on crut
» un moment sa disgrâce certaine. Le besoin de
» s'amnistier le rendra impitoyable. »

C'est à ces avis multipliés que mon père dut la vie. Près de passer la frontière, après deux tentatives infructueuses, il fut reconnu malgré son déguisement et poursuivi par des sbires, dont il ne parvint à se débarrasser que le pistolet à la main.

Même à Bruxelles, son existence était encore menacée: de ce lieu, un nommé Montaudon donne au ministre des avis sur sa victime. La lettre de cet espion est du 13 avril.

Au moment où son domicile fut envahi par la gendarmerie, mon père, caché dans un réduit secret, ne pouvait qu'à la dérobée donner quelques soins à son épouse expirante sous le poids des chagrins; à chaque instant ces tristes soins étaient interrompus par le danger d'une surprise, et c'est au milieu de ces angoisses qu'elle expira, laissant son époux livré au plus affreux désespoir. Peu de jours après, il avait quitté la France, hélas! et pour toujours. Maussion en prévint le ministre en lui annonçant en même tems l'envoi de nouveaux gendarmes sur sa propriété, qui déjà ressemblait à un camp. En exécution des ordres ministériels, il la fit complètement évacuer pour laisser toute liberté aux recherches; répondant aux plaintes de ma famille que ses instructions étaient précises et qu'il usait d'une indulgence que chaque jour on lui reprochait.

La victime échappée, il fallait encore que la persécution s'étendît sur ses enfans et qu'on se vengeât sur eux d'une évasion qu'on n'avait pas su prévenir. Mes sœurs supplièrent vainement, pendant plusieurs mois, qu'on retirât de leur domicile les gendarmes qui y étaient à demeure. Seules, sans appui dans ce tems de terreur, elles furent obligées de fuir, pour échapper aux insultes de ces misérables, qui obéissaient aux ordres qu'ils avaient reçus. Il fallait que le père de famille apprît dans l'exil que les rigueurs se continuaient sur les siens et jusque dans les colonies. Il était bien digne de cette affreuse époque, que ce que la justice et l'humanité réclamaient, n'ait été accordé qu'aux sollicitations d'une femme; et sans madame Mac-Mahon, qui fit rougir ce duc Decazes de ces honteux excès, il eût fallu, je crois, attendre la Révolution de juillet pour chasser ses gendarmes. La lettre si pressante de cette dame est du 18 avril. Elle est aussi remarquable par le style, que par les sentimens d'humanité qu'elle exprime, et, en lui témoignant toute ma reconnaissance, j'éprouve le regret de n'oser reproduire tout ce que son zèle lui inspire de flatteur pour ma famille. C'est à ses vives sollicitations que nous dûmes la retraite des gendarmes, mais seulement après trois mois de séjour. Nous devons d'autant plus de reconnaissance à madame Mac-Mahon, que mon père lui était tout-à-fait étranger et qu'elle n'a cédé qu'au cri d'indignation qui s'élevait de toutes parts contre ces atrocités. Je n'ai su que par la communication du dossier de la police, les obligations que nous lui avions; nous n'avions jamais connu sa bienveillante démarche. La propriété fut enfin évacuée, mais dans un état de dévastation difficile à décrire : les meubles brisés, les murs sondés de toutes parts et jusques aux fondations.

Dans leurs déportemens, ces agens de terreur renouvelèrent une scène bien digne de 93. Dans un bois dépendant de sa ferme, mon père avait élevé à l'abbé Barthelemy un petit monument couronné du buste de cet homme célèbre à qui il avait sauvé la vie pendant la tourmente révolutionnaire. Les sbires voulurent y voir l'image de *quelque fameux terroriste*; aussitôt le mausolée fut abattu et le buste brisé aux acclamations de toute la troupe. Au reste, ils ne se bornèrent pas à ces démonstrations stériles : une quantité considérable d'effets disparurent et des livres précieux devinrent la proie de ces misérables.

Ces atrocités appartiennent cependant à l'homme qui prétend que sa carrière politique est toute de modération ; mais ces actes de vandalisme et une foule d'odieux souvenirs signaleront à jamais cet infâme pouvoir.

Les bourreaux avaient trop bien obéi pour que l'excellence fut ingrate. Nous allons voir comment elle sut reconnaître le dévouement du baron Benoit qui, chargé spécialement du soin de recouvrer cette correspondance mystérieuse, avait fondé de grandes espérances de fortune sur sa mission.

Quinze jours après cette apposition des scellés, pendant laquelle cet homme appuyé de 40 gendarmes avait interdit l'état descriptif des papiers saisis, le préfet de la Meuse adressa au ministre une lettre pleine d'éloges du baron Benoit, et appréciant ses services à leur juste valeur, il demande une lieutenance de gendarmerie pour son protégé (Lettre du 23 février 1816.)

Quoique surpris de la modicité de cette récompense pour un sujet qui avait si bien compris ses intentions, M. Decazes se décide cependant à demander cette lieutenance au duc de Feltre, alors chargé du département de la guerre (lettre du 27 février); mais bientôt après, ce modique traitement lui paraissant de l'ingratitude ; sans y être invité, par le seul effet de sa reconnaissance, il sollicite de son collègue aux finances la recette de Verdun pour ce fidèle agent. L'essai qu'il en avait fait le rendait propre à tout. Il faut lire dans sa missive en date du 5 mars, les touchants témoignages d'estime et d'affection donnés au séide; quel épanchement de reconnaissance pour les éminents services qu'il a rendus! *C'est lui,* dit ce Torquemada, *qui a poussé aux mesures de rigueur et les a suivies avec un zèle et une ardeur au-dessus de tout éloge; son nom a été prononcé devant Sa Majesté, qui connaît sa belle conduite et en est très satisfaite.* (Je cite textuellement). Et pour achever d'intéresser le ministre des finances, il ne craint pas d'ajouter ce mensonge : *on lui doit la découverte du testament de la reine.* M. Decazes a lui-même reconnu que cette remise a été volontairement faite; la découverte n'en est donc due à personne.

Dans une autre lettre adressée au préfet Maussion le 27 mars, S. E. répète encore les mêmes louanges, et instruit ce fonctionnaire de ce qu'il a fait pour leur ami commun. Enfin, comme Grainay, Benoit aussi est qualifié d'honorable. Les habitudes de police ont fait à cet homme une si singulière morale, que je ne sache rien au monde de plus dégradant que cette épithète d'honorable dans sa bouche : malheur à qui la mérite!

Cependant cette demande de la recette de Verdun n'eut pas de suite; le ministre des finances ne jugea pas à propos d'enrichir son administration d'un sujet aussi précieux. Il craignait peut-être que par habitude il ne prit aussi possession des deniers de l'état sans inventaire. M. Decazes le fit nommer à d'autres fonctions.

Rien n'était mieux mérité assurément, car, fidèle à son mandat, cet homme prodiguait l'insulte au malheur et se plaignait beaucoup de ce que l'amnistie ne s'étendait pas jusqu'à raser les propriétés des proscrits. Pourquoi s'étonner ? à la même époque, des lettres de noblesse devenaient la récompence d'une tentative d'assassinat sur la personne du premier consul.

Mais si l'infamie était si bien récompensée; par contre, la tiédeur de zèle était sévèrement punie. Un officier de gendarmerie qui avait témoigné combien ces violences lui répugnaient, fut destitué et exilé pendant un an.

Sans doute on sera surpris que cette correspondance, qui dévoile si bien M. Decazes, se trouve entre mes mains. Je dois cette obligeante communication à l'administration de M. C. Perrier, et j'ai pu librement copier au dossier toutes les pièces qui m'intéressaient. Le duc Decazes avait pris de telles mesures, que les réclamations étaient impossibles. Aussi, confiant dans ses dispositions, il ne répondit à mes instances en restitution, que par des dénégations absolues, tellement confondues par cette malencontreuse communication, qu'il se trouve enserré de toutes parts dans ses fins de non-recevoir. Repoussé par cette insigne mauvaise foi, j'ai dû m'adresser au ministre de l'intérieur, pour obtenir la remise des papiers saisis.

Quoique favorablement disposé, le président du conseil objectait d'abord que le procès-verbal du 9 février 1816, portant que ces documens n'ont rien de personnel au sieur Courtois ni à sa famille, semblait indiquer qu'ils appartenaient à l'administration; mais, après mûr examen des pièces restant aux archives, il se hâta d'ordonner la restitution de tout ce qui avait échappé au duc Decazes, à-peu-près la millième partie de ce qu'il avait enlevé au domicile du conventionnel. Instruit des détails de l'affaire et de la violence qui avait été faite pour éviter l'inventaire, il en témoigna plus d'indignation que de surprise, en disant : *Il faut qu'on se lave de tout cela.* D'après ses ordres, il fut dressé un bordereau en double expédition, avec détail exact des pièces rendues. Ce titre devient encore un nouvel acte d'accusation contre le spoliateur, qui a osé dire qu'il n'avait saisi que des papiers appartenant à l'État; car on y lit, N° 40, *une liasse de trente lettres, adressées à M. Courtois.* C'est une correspondance de parens et d'amis, dont le retour a été un sujet de joie pour une famille. Sont-ce là des titres appartenant à l'État? Le reste, entièrement personnel à mon père, comme le constate la remise, a peu d'intérêt; on le conçoit aisément, après avoir passé par des mains aussi pures, et c'est cette insignifiance seule qui a fait revenir ces papiers des Tuileries aux archives.

On peindrait difficilement la fureur de l'ex-ministre, quand il sut que son atroce correspondance était entre mes mains : il cria à la trahison. Rien n'était plus naturel, cependant, qu'une administration équitable réparât les turpitudes de la sienne.

On conçoit fort bien que ce dossier ne contient encore qu'une partie de la vérité. Beaucoup d'ordres secrets n'ont pu m'être communiqués, et des conciliabules, qui n'ont point laissé de traces, ne peuvent y figurer.

Quant au télégraphe, on ne sait trop quel rôle il a pu jouer dans cette affaire; il faut, à cet égard, s'en rapporter aux précédens du ministre, qui d'habitude n'en faisait pas un messager d'humanité.

Par une lettre du 7 avril 1831, en réponse à deux autres que je lui avais précédemment adressées, M. Decazes déclare qu'il n'a jamais donné l'ordre de saisir les papiers de mon père, qu'ils n'ont jamais été en sa possession, et qu'enfin ils ne sont point parvenus dans ses bureaux. Et, pour comble, il ajoute : *La communication du dossier n'a fait que confirmer mes souvenirs.*

Et à moi aussi, à votre grand chagrin, cette communication a été faite et j'ai pu à loisir y puiser les moyens de confondre ces impudentes dénégations, bien dignes assurément de celui qui veut en couvrir ses lâches persécutions.

Ce dossier accusateur que, pour sa justification,

il dit avoir revu, pour la vingtième fois va le prendre en flagrant délit de mensonge.

La pièce principale, le procès-verbal d'apposition des scellés, en date du 9 février 1816, porte: *En vertu des ordres de S. Ex. le Ministre de la police en date du trois férrier* Dira-t-il encore qu'il n'est pas l'ordonnateur de cette spoliation?

Continuons : ces papiers, dit-il, n'ont jamais été en ma possession; ils ne sont point parvenus dans mes bureaux. Eh bien! par une lettre, également au dossier, en date du 27 du même mois, le préfet de la Meuse annonce au ministre, qu'il remet au bureau des Messageries la caisse contenant les papiers saisis chez le conventionnel Courtois. Cette lettre, ayant précédé de quelques heures l'arrivée de la voiture, on y lit en marge, de la propre main de M. Decazes, ces mots qui peignent si bien son impatience : *La caisse est-elle arrivée? Je n'ai encore rien reçu.* Elle arriva enfin, comme le constate l'émargement porté au registre des Messageries.

Elle est si bien parvenue qu'une partie de son contenu, bien minime à la vérité, m'a été restituée.

Que sont devenus ces papiers? Aussitôt ils ont été transportés aux Tuileries, où ils étaient attendus avec la plus vive impatience. Ce fait m'a été affirmé par le chef du bureau, commis pour m'en effectuer la restitution et par l'archiviste chargé de leur conservation. Ce dernier m'a même engagé à provoquer des recherches dans les archives du Louvre. Ces deux employés étaient en fonctions à l'époque de 1816.

Dans le même tems, mon père voulant sauver au moins une partie de cette propriété, avait chargé la personne dont les avis lui furent si utiles, d'en suivre la trace à Paris; il fut aussitôt informé que cette caisse avait été remise au Roi. Cet avis venait de bonne source.

Veut-on une dernière preuve? aux Tuileries, dans les journées de juillet, les tiroirs d'un secrétaire renfermant ces documens ont été pillés et l'un d'eux portait pour étiquette : *Conventionnel Courtois*. Trois lettres du général Dampierre, de Dessalles et de Robespierre m'ont été remises; à la même époque plusieurs pièces provenant de la même source ont encore circulé dans le public.

Il fallait un prétexte à ces recherches inquisitoriales dont le but ne pouvait s'avouer; on voulut les couvrir du voile de l'intérêt public, et on ne trouva rien de mieux que d'accuser le conventionnel d'avoir soustrait comme employé du garde-meuble avant la révolution, divers meubles appartenant à la couronne et d'avoir conservé les papiers qui lui avaient servi à la rédaction de son rapport sur le 9 thermidor. Il est inutile d'ajouter qu'on ne put rien préciser sur ces meubles de la couronne : on avait saisi le premier prétexte venu.

Mon père n'a jamais été employé au garde-meuble; il pouvait si peu l'être, qu'avant ses fonctions législatives il n'habitait pas Paris. La vie d'un homme public est trop connue pour que l'on puisse lui attribuer des fonctions qu'il n'a pas exercées. La première biographie aurait éclairé. Mais le ministre n'était pas difficile : il ne trouva rien de mieux que de faire de sa victime un salarié infidèle de la cour.

Il faut convenir que ces meubles de la couronne auraient aussi éprouvé toutes les vicissitudes des révolutions; ils seraient tombés du palais dans la chaumière, car la modeste habitation du conventionnel, mise en vente après son décès a été adjugée pour la modique somme de 12,000 francs.

Quoique mon père sut fort bien que ce n'était qu'une ruse pour fouiller sa maison et celles de ses amis, voici ce qu'il répondait à cet égard au préfet de la Meuse le 12 février :

« L'ordre donné à M. le commissaire du Roi
» Benoit, portait encore de s'assurer si parmi
» les livres et dans ma maison, il n'y avait pas
» quelques objets qui eussent fait partie du mo-
» bilier de la couronne. Je répondrai à cette de-
» mande que le pouvoir exécutif ayant seul été
» chargé de surveiller ces richesses, il serait éton-
» nant qu'un membre de la Convention qui n'a-
» vait aucun droit de s'en mêler l'eut fait sans
» mission directe. L'examen sévère que ces
» Messieurs ont fait de ma bibliothèque et dans
» toute ma maison, a dû les convaincre qu'un
» tel ordre n'a pu être donné que par suite de
» quelque dénonciation obscure dans laquelle rien
» n'était précisé, et qu'une pareille imputation ne
» pouvait m'atteindre. »

Pour en finir avec cette dégoûtante calomnie de la police, je dirai que, devant le tribunal, M. Decazes a bien voulu convenir que cette imputation n'était pas fondée. Mieux que personne il pouvait faire cet aveu. Je reçois cette réparation avec autant de mépris que l'outrage lui-même.

Au reste, ces expressions de convention : *des meubles de la couronne, des papiers de Robespierre*, n'étaient plus d'usage dans les tentatives faites par Benoit pour recouvrer ce qu'on cherchait effectivement ; on disait tout simplement les lettres du Roi et on les désignait, tant la déposition de Gerbaut avait été précise. L'agent qui vint à Bruxelles et qui eut deux audiences de mon père, tenait le même langage que Benoit ; ses propositions étaient semblables : une rentrée immédiate, la faveur de Sa Majesté et une indemnité. L'acceptation de ces offres n'aurait pas sauvé le proscrit ; il était trop bien informé : les Grainay et consorts n'avaient pas encore désarmé. Cet homme se fit annoncer sous le nom de baron Roger, mais il y a tout lieu de croire que ce nom était d'emprunt.

Voyons maintenant si ces papiers appartenaient à l'État, comme vous l'avez si impudemment avancé, sans même les avoir vus, comme vous l'assurez au moins.

J'opposerai d'abord la possession qui établit la présomption légale de propriété; maintenant c'est à vous de prouver votre assertion.

Ici, il faut l'avouer, vous retombez dans vos habitudes de calomnie, et l'accusation porte directement sur l'ancien président du conseil. Quoi! ces papiers sont la propriété de l'État et Casimir Perrier en a fait la restitution. De deux choses l'une : ou vous êtes un imposteur, ou le président du conseil a trahi ses devoirs. Entre cet homme d'État intègre et vous, il n'y a point à hésiter.

Voyons vos preuves. Est-ce votre allégation? Mais vous n'avez jamais vu ces documens; vous me l'avez déclaré, vous l'avez affirmé devant le tribunal; chaque jour vous le répétez, et la parole d'un courtisan est trop sacrée pour qu'on puisse douter un seul instant.

Est-ce la dénonciation de Maussion qui établit cette preuve? Mais ce fonctionnaire n'a point assisté à la saisie de ces papiers, ainsi que le constate le procès-verbal. Le tout enlevé par Benoît qui n'en a permis l'examen à personne, lui a été remis sous les scellés, et comme vous il n'a pu seulement y jeter un coup d'œil.

Parmi cette nombreuse correspondance puisée au dossier, se trouve-t-il une seule phrase qui confirme la saisie de papiers appartenant à l'administration?

Ce conventionnel, voué aux bourreaux, se serait rendu coupable d'une telle soustraction, et sur-le-champ vous ne l'auriez pas mis en accusation? Vous n'auriez pas même vérifié si la dénonciation était fondée quand ces papiers vous sont parvenus, l'intérêt public vous touchait donc bien peu? C'eût été cependant un moyen assuré de couvrir d'une forme légale les persécutions que vous exerciez contre lui, et de motiver son arrestation qui vous tenait tant à cœur. Je ne pense pas qu'après la mission des Benoît et des Grainay, vous rejetiez cette indulgence sur votre *extrême sensibilité*.

Après avoir si bien prouvé qu'il n'avait jamais fait saisir ces papiers, qu'il ne les avait jamais vus, il ne restait plus à M. Decazes qu'à justifier ses bourreaux, et il ne recule pas devant cette horrible tâche. Il produit une lettre du prévenu au préfet de la Meuse, qui effectivement n'est point accusatrice; mais avec sa bonne foi habituelle, il se garde bien d'en donner la date. Au moment où elle fut écrite, mon père, instruit de ce qui se tramait et voulant gagner du tems, amusait encore l'excellence de l'espoir de recouvrer cette correspondance, objet de tous ses vœux; aucun ordre d'arrestation n'avait été donné, et les Grainay et consorts n'étaient point encore entrés en campagne. Cette lettre est du 12 janvier, trois jours seulement après la première visite domiciliaire; les négociations étaient en pleine activité: une parente de mon père avait été chargée de le décider.

Je reproduis une partie de cette lettre, car elle est la condamnation du spoliateur. Seule, elle prouve irrévocablement qu'il n'a saisi que des manuscrits autographes du prévenu, et une foule de lettres particulières qui lui étaient adressées.

« M. le Commissaire du Roi, baron Benoît, a fait
» enlever de chez moi des papiers concernant Ro-
» bespierre, ainsi que beaucoup de lettres particu-
» lières qui m'étaient adressées à ce sujet; le tout
» destiné à me fournir quelques matériaux pour
» terminer la deuxième partie d'un rapport dont la

» première seulement a été imprimée par ordre de
» la Convention. Cet ouvrage, M. le préfet, n'a rien
» de commun avec mon grand ouvrage du 16 nivôse
» an 3, comme son titre le porte; c'est l'historique
» de la journée du 9 thermidor, avec un tableau
» fidèle de l'esprit public qui dominait à cette épo-
» que dans chaque section de la capitale. Cette der-
» nière partie devait d'abord contenir une vie de
» Robespierre, dont les différentes anecdotes avaient
» été puisées dans de bonnes sources. Ce morceau,
» que la vérité n'eût pas désavoué, n'aurait ressemblé
» en rien à une mauvaise compilation de Robes-
» pierre, etc. etc. »

Ainsi, du propre aveu du duc Decazes, puisque c'est lui qui a produit cette pièce; il s'est emparé d'une quantité considérable de lettres particulières; d'un manuscrit sur la journée du 9 thermidor, du plus grand intérêt, et de plusieurs documens puisés à de bonnes sources sur la vie de Robespierre et destinés à être réunis en corps d'ouvrage. Joignant ces pièces, dont la propriété ne peut être contestée, à celles qui m'ont été restituées et à celles encore qui figurent dans ma demande judiciaire, dont le détail est ci-après, on sera bien convaincu qu'aucun de ces documens ne pouvait être revendiqué par les archives publiques.

Je dois rappeler que, peu de tems après cette lettre du 12 janvier, une autre saisie de papiers qui ajouta beaucoup à la première, eut encore lieu. Tout ce qui restait des matériaux historiques dont parle mon père, y fut compris, et je ne doute pas que leur énonciation au préfet n'ait suggéré l'idée d'en compléter l'enlèvement.

Cette histoire de la journée du 9 thermidor, faite longtems après l'événement, avait été méditée dans la retraite et s'étendait sur une foule de faits et de noms propres, que l'auteur avait cru devoir taire dans son premier rapport de l'an 3, afin d'éviter autant que possible des réactions de vengeance. Tout était rétabli dans cette seconde partie : c'était un manuscrit du plus haut intérêt; il a dû être bien apprécié par Louis XVIII. C'est cette perte qui a le plus affligé mon père.

Cependant M. Decazes, après avoir donné lecture au tribunal de cette lettre du conventionnel, s'écrie d'un air triomphant : Il est bien constant que ces papiers n'appartenaient pas à Courtois.

Dans la position où s'était trouvé l'historien du 9 thermidor, des milliers de pièces concernant Robespierre pouvaient se trouver entre ses mains sans qu'il pût pour cela être soupçonné de les avoir détournées. Cette désignation si vague : *de papiers concernant Robespierre*, ne pouvait donc, à son égard, être une accusation; et après vérification, C. Perrier n'en a pas jugé autrement.

Ignore-t-on que la commission d'examen des papiers de Robespierre, se composait encore des députés Gufroy, Calès et Lomont ; que les pièces étaient cotées et paraphées avant d'être livrées au rapporteur, et que, si les seuls documens détournés, les lettres de la Reine, n'ont pu l'être à l'insu des autres rapporteurs qui voulaient les brûler, il eût été impossible de soustraire à leur surveillance une aussi grande quantité de papiers.

Le rapport terminé, pense-t-on que le pouvoir n'aurait pas fait rétablir les pièces dans les archives si les commissaires l'eussent omis?

Ces lettres particulières dont parle mon père étaient elles-mêmes des pièces historiques de la plus haute importance; elles provenaient des personnages les plus marquants de l'époque, empressés de lui transmettre des rapports confidentiels sur plusieurs faits intéressants du moment; c'était bien, comme le dit le duc Decazes, *des papiers concernant Robespierre;* mais elles n'avaient aucun caractère public, et en s'en emparant à main armée, on a spolié une propriété privée.

M. Decazes, continuant sa défense, ajoute encore, que les nombreuses lettres de Robespierre que possédait Courtois, avaient été prises à son domicile. Il a beau ne reculer devant aucune absurdité, on ne peut admettre cependant que Robespierre oubliait sur son bureau celles qu'il écrivait. Les lettres à lui adressées, pourraient seules provenir de cette source.

Plusieurs furent remises par ceux-là même qui les avaient reçues, soit comme justification, soit pour obtenir d'être oubliés dans le rapport qui se faisait alors et qui inquiétait beaucoup de gens. Leur possession n'a pas dû non plus être indifférente à votre maître, M. le duc.

Vous avez osé dire que vous ne deviez aucun compte de ces papiers; c'est bien-là la maxime du bon plaisir, qui a présidé à toute votre administration. Vous en deviez compte tout à la fois au saisi, puisqu'ils sont sa propriété, et à l'État, s'ils lui eussent appartenu. Ministre intègre dans ce dernier cas, vous avez dû en faire le dépôt aux archives : justifiez-en. Vous étiez donc doublement tenu de faire un état descriptif, tel que le veut la loi et tel que Maussion l'avait ordonné, la première fois en saisissant, et la seconde en faisant le dépôt. Cette formalité n'est pas seulement dans l'intérêt du prévenu ; elle est encore dans celui de tout fonctionnaire, qui respecte ses devoirs et tient à ne pas être accusé de spoliation, délit puni des travaux forcés, par l'article 255 du Code pénal.

Oui, ces documens ont été remis aux archives, mais après avoir été déposés aux pieds de votre maître, comme le voulait son intérêt pressant, et surtout le besoin d'acquitter tout ce que vous lui deviez.

S'approprier les effets saisis avec l'aide de la force publique, c'est commettre un vol à main armée. Au moins, on rendait cette justice aux bourreaux de 93 ; ils ne volaient pas leurs victimes.

Direz-vous, pour votre justification, que ces papiers ont été demandés par le Roi? Mais, dépositaire public, vous seul en étiez responsable; Sa Majesté n'y avait aucun droit, soit qu'ils fussent propriété privée, soit qu'ils appartinssent à l'État.

M. Decazes ne procède dans cette affaire que par fins de non-recevoir; celle-ci mérite d'être conservée. Il dit : « Faute de prouver d'une manière légale » que les pièces détaillées dans la demande judiciaire, » ont été saisies chez le conventionnel Courtois, son » fils est non-recevable dans son action. »

Comme cette défense cadre bien avec l'interdiction de l'inventaire et avec les faveurs répandues sur celui qui l'a interdit! O! probité de l'homme de cour! Il faut en convenir : les principes de droit de l'Excellence valent bien ses idées sur l'honneur. D'après ce qui précède, faute d'être constamment pourvu d'un état bien authentique de ses effets mobiliers, on serait toujours inhabile à les réclamer des filous qui, eux aussi, s'en emparent sans inventaire.

Ce qui suit n'est pas moins remarquable; il dit : « Le fils de M. Courtois n'a pas réclamé, je ne dis » pas seulement dans les plus mauvais jours de la » restauration, mais encore dans les courts intervalles » où le pouvoir semblait vouloir marcher dans » les voies de la justice et de la modération. »

Ma réponse ne se fera pas attendre. Réclamer, sous la restauration, c'eût été rappeler l'intervention des gendarmes et des Grainay; car telle était alors la sûreté qu'il y avait à renouveler cette affaire, que, sous le ministère de M. Delavau, la police vint faire à mon domicile et à celui d'une de mes sœurs établie à Paris, une visite domiciliaire si sévère que rien n'échappa à ses investigations. L'agent termina même sa mission par cette obligeante observation : Qu'il était étonnant que le fils du conventionnel Courtois habitât la France. Vous voyez, M. le duc, qu'alors il n'y avait pas plus de sûreté que sous votre paternelle administration; que si vouliez connaître le motif de ces nouvelles perquisitions, je vous dirais qu'on recherchait encore ce qui vous était échappé, les lettres de votre maître. Il est inutile d'ajouter qu'instruit par le passé, ces Messieurs ne trouvèrent rien à transporter aux Tuileries.

Pensez-vous, Monsieur le duc, que sous la restauration, j'eusse pu sans danger publier ce mémoire?

Indépendamment des documens précieux déjà cités, voici les pièces non moins intéressantes qui sont aussi devenues la proie de la police, et qui figurent dans la demande judiciaire que j'ai formée.

1. Un manuscrit autographe pour une seconde édition du rapport sur l'examen des papiers saisis chez Robespierre, revu et augmenté.
2. Plusieurs liasses de lettres des principaux personnages qui ont figuré dans la révolution française.
3. Deux lettres du duc d'Orléans à Mirabeau.
4. Quatre lettres de Mirabeau.
5. Trois lettres de Danton.
6. Une lettre de Cazalès.
7. Vingt-deux lettres de Robespierre aîné et de son frère, avec une pièce de vers du premier.
8. Sept lettres de Saint-Just.
9. Deux lettres de Lebas.
10. Neuf lettres de Cambacérès.
11. Une note de la main de Marie-Antoinette sur Mirabeau.
12. Sept lettres de Carrier.
13. Cinq lettres de Fréron.
14. Deux lettres de Collot-d'Herbois.
15. Deux lettres de Louis XVI.
16. Trois lettres de Couthon.
17. Cinq lettres de Tallien.
18. Deux lettres de Brune.
19. Deux lettres de Hérault de Séchelles.
20. Quatre lettres de Pétion.
21. Trois lettres de Marat, dont deux scientifiques.

22. Une chemise portant pour suscription : Lettres de Gensonné, Vergniaud, Guadet, Vouland, Vadier, Dumouriez, Bourdon de l'Oise, Fabre-d'Eglantine, Camille-Desmoulins.

23. Une liasse de lettres de félicitations adressées à l'auteur du rapport sur le 9 thermidor.

24. Plusieurs liasses portant pour suscription : Lettres d'agens secondaires.

25. Plusieurs pièces servant comme documens historiques sur la révolution.

26. Un manuscrit autographe de Courtois, contenant des notes historiques et matériaux de mémoires, avec des pièces justificatives de la plus haute importance pour la famille royale.

Et enfin une foule d'autres pièces dont je n'ai pu trouver de désignation dans les papiers échappés à la police.

C'est ce document qui figure sous le n° 26, qui a provoqué toutes les persécutions dont mon père a été la victime. Il devait porter pour titre : *Louis XVIII pendant la Révolution*. Le texte renvoyait à des pièces justificatives qui n'ont point été saisies, mais dont l'existence révélée confirmait la dénonciation de Gerbaut et les bruits qui avaient couru depuis même l'époque du 9 thermidor.

La mission des Benoît, Grainay et de bien d'autres, n'avait pour objet que de *recouvrer ces pièces à tout prix et d'en enfouir à jamais le secret*.

En dépit des preuves qu'il a possédées, M. Decazes assure hardiment que ces lettres, dont on lui attribue la recherche, n'ont jamais existé. Voudrait-il bien alors nous dire quel but avaient ces violentes investigations? Ce ne saurait être ces prétendus papiers de Robespierre, puisqu'après les avoir obtenus, il assure n'y avoir pas même jeté les yeux; on n'acquière pas par l'infamie la possession d'une chose aussi indifférente. Quoi qu'il en soit, ce serviteur reconnaissant ne peut oublier qu'avant même les perquisitions, mon père avait laissé percer son secret dans une lettre du 25 janvier, adressée au préfet Maussion et dont ce dernier lui a donné copie. Il y est question de *secrets importants, concernant les Bourbons*. Cela ne pouvait s'appliquer au testament de la Reine, qui est d'un grand intérêt, sans doute, mais qui n'est point un secret important.

En ce moment, je m'occupe à classer quelques matériaux historiques, qui éclairciront beaucoup de faits obscurs de notre histoire contemporaine. Des noms propres y figurent, et c'est ce qui, jusqu'à présent, en a suspendu la publication. Cette réserve m'était encore imposée par le possesseur de ces documens. A l'époque du décès de mon père, j'habitais les colonies, et quoique j'y fusse arrivé fort jeune, à l'avénement du consulat, les persécutions de 1815 sont venues m'y atteindre. Il paraissait juste alors que le fils répondit de la conduite politique de son père. A mon retour en France, quelques années après ces événemens, j'eus la douleur d'apprendre qu'il avait été répandu dans le public plusieurs pièces importantes provenant de la succession du conventionnel et dont on a fait l'usage le plus contraire à ses dernières volontés. J'ai eu trop à souffrir des abus qui s'en sont ensuivis pour ne pas repousser de nouveau toutes les accusations auxquelles pourrait donner lieu une confusion de personnes. Au reste, un seul mot fera disparaître les doutes s'il pouvait en exister encore : à l'époque où ce déplorable trafic a eu lieu, j'habitais encore la Guadeloupe.

Veut-on enfin savoir ce que sont devenus ces documens si intéressants dont M. Decazes a dépouillé le conventionnel ? Ce ministre dont la véracité n'est pas suspecte va nous l'apprendre.

« Sans doute, dit-il, ces papiers auront été jetés
» dans les archives où des commis quelquefois plus
» occupés de littérature que de leur travail, y auront

» butiné quelque sujet de comédie ou de vaudeville. »

C'est en audience publique, en plein tribunal et devant un nombreux auditoire, que ces graves paroles ont été proférées!

Ici l'Excellence se trompe: il ne s'agit pas de comédie; c'est bien plutôt un mélodrame, car j'y apperçois un voleur et des assassins.

Si cette étrange pasquinade pouvait couvrir une spoliation aussi manifeste, quelle garantie resterait-il contre les excès du pouvoir?

Votre haute faveur, M. le duc, explique bien mieux le sort de ces papiers: initié par eux, aux secrets les plus intimes de votre maître, le crédit et la fortune du favori n'eurent plus de bornes: vous leur devez tout.

Cette misérable défense n'ayant convaincu personne, M. Decazes l'a terminée par une insinuation calomnieuse à laquelle je dois un mot de réponse. Mais quoiqu'il fasse, elle ne pourra m'atteindre. J'ai trop bien démontré que rien de ce qui blesse l'honnêteté ne lui était étranger pour que sa boue puisse me salir.

A tout prendre, dit-il, ces *injustes poursuites que rien ne motive*, n'ont peut-être été intentées que pour amener une demande en dommages intérêts. C'est le bourreau qui outrage ses victimes. Je dois d'abord déclarer que je ne connais M. Decazes que par les odieuses persécutions qu'il a exercées contre ma famille; je ne l'ai jamais vu et je n'ai eu d'autres rapports avec lui que par deux lettres que je lui ai adressées et qu'il n'est probablement pas tenté de reproduire.

Sous quelque rapport que l'on envisage la perte de ces papiers, elle est immense; c'était une fortune, et le possesseur se plaisait à le répéter. Cependant je n'ai jamais désiré que leur restitution ou l'application de l'article 255 du Code pénal qui prononce la peine des travaux forcés contre le spoliateur. Ce grand acte de justice aurait été d'autant plus applaudi que le souvenir du maréchal Ney s'y serait encore mêlé.

Si l'on en croit M. Decazes, le conservateur du testament de la Reine devait être traité sans pitié. Ce fanatique fait horreur. Sans doute on n'a pas bravé l'échafaud pour le faire parvenir à la famille royale; mais il a été sauvé d'une destruction certaine: il devait être brûlé. On l'a religieusement conservé, et enfin il a été volontairement remis sans aucune condition, sans même s'en faire une sauve-garde contre la loi d'exil; circonstance qui prouve bien assurément qu'il n'avait pas été conservé par esprit de prévoyance. Cette conduite se conçoit aisément de la part d'un homme qui ne cachait pas d'honorables regrets; qui disait hautement que la mort de Louis XVI était une faute politique et un délit moral, et qui, sous le directoire n'avait pas craint d'élever un tombeau à la mémoire de Malesherbes, son défenseur. On concevra encore bien mieux cette conduite, quand on saura qu'un projet d'enlèvement audacieux de la Reine, devait être tenté par Danton et mon père qui en était l'âme. Marie-Antoinette et Madame Elisabeth devaient être arrachées de vive force du Temple, et transportées à l'étranger. La preuve de ce fait se trouve dans une des lettres de Danton saisies par la police. Les moyens d'exécution y sont discutés et ont ce caractère d'audace qui distinguait cet homme énergique. A l'occasion de ce testament, l'hypocrite courtisan épanche encore *sa sensibilité* sur le respect dû aux dernières volontés des mourans, etc., etc. Cet homme a tant de larmes pour le malheur, que le jour où il signait l'ordre d'*arrêter* mon père, comme Néron, il s'écriait aussi : je voudrais ne savoir pas écrire.

Je ne crois pas devoir taire aujourd'hui une circonstance qui jusqu'à présent était restée ignorée et qui prouvera quels sentimens animaient le conservateur du testament de la Reine, même après avoir subi les tortures de la police. Parmi ces pièces recherchées avec tant de fureur, se trouvait une lettre de l'infortunée Marie-Antoinette. Avait-elle été conservée comme souvenir, était-elle échappée lors de la remise volontaire des différents objets qui avaient appartenu à cette princesse, je l'ignore. Cette lettre n'a jamais été publiée ; comme son testament elle n'était connue de personne. Au moment même où elle me parvint à mon retour des colonies, j'aperçus au bas cette note au crayon de la main de mon père: *Pour être remise à la duchesse d'Angoulême.* Ses volontés ont été remplies aussitôt. Une de mes parentes eut l'honneur de la présenter à S. A. qui, au milieu d'abondantes larmes lui en exprima la plus vive reconnaissance. Jamais S. A. n'a su quelle part j'avais eue dans l'exécution des dernières volontés du possesseur.

Cette lettre adressée au président de la Convention est sans date, mais il est facile d'y suppléer, son authenticité ne peut être douteuse ; elle est d'ailleurs confirmée par les signatures qui figurent au testament.

« Citoyen président, les citoyens Tronson et
» Chauveau que le tribunal m'a donnés pour défen-
» seurs, m'observent qu'ils n'ont été instruits qu'au-
» jourd'hui de leur mission ; je dois être jugée de-
» main, et il leur est impossible de s'instruire dans
» un aussi court délai des pièces du procès et même
» d'en prendre lecture. Je dois à mes enfans de n'o-
» mettre aucun moyen nécessaire pour l'entière
» justification de leur mère. Mes défenseurs deman-
» dent trois jours de délai, j'espère que la Conven-
» tion les leur accordera.

» Marie-Antoinette, Fouquier, Lecointre, Legot,
» Guffroy, Massieu. »

Cette affaire a été l'objet d'une action judiciaire, le tribunal s'est déclaré incompétent, et l'intrigue s'est étendue jusques au compte rendu par les journaux qui ont dénaturé l'éloquent plaidoyer de mon défenseur et ont recueilli toutes les turpitudes de ma partie adverse. Aujourd'hui j'en appelle au public qui jugera la probité du duc Decazes et surtout sa modération politique. Comme tous ses devanciers, il veut échapper à la responsabilité de ses actes en chargeant ses agens : au jour du jugement c'est la marche ordinaire. Cette prétention n'est qu'une lâcheté de plus. Qu'objectera-t-il contre sa propre correspondance qui prouve si bien qu'il n'est pas une torture qui n'ait été ordonnée par lui, et qu'au milieu du supplice sa voix stimulait sans cesse les bourreaux ? Sans doute, ce préfet a rigoureusement exécuté ses ordres, mais je ne puis oublier qu'il avait prescrit l'inventaire qui aurait prévenu la spoliation de ces papiers, et qu'au contraire, le ministre a comblé de faveurs celui qui l'avait interdit. Je ne puis oublier que deux fois il a repoussé l'infâme assassin accueilli par ce duc Decazes, et qu'en plein tribunal il n'a pas rougi de qualifier d'*homme honorable*. Non, ce fonctionnaire n'a point spolié les dépouilles du proscrit; non, il n'était point le fauteur des sicaires dont les poignards ont suivi mon père jusque chez l'étranger. Mais serait-il vrai que ces infamies appartinssent en entier aux agens du pouvoir; n'a-t-il pas applaudi à tous leurs excès ? N'a-t-il pas porté leur éloge jusques aux pieds du trône? N'est-ce pas lui enfin, qui a sollicité la recette de Verdun pour le plus violent de ses complices ? De quelle indignation n'a-t-on pas été saisi, quand devant la justice on vit cet homme sans pitié, ce nouveau Jeffreys, outrager encore par la calomnie et la plus amère raillerie la victime qu'il a conduite au tombeau ! Si Dieu fit du repentir la vertu des mortels, hâte-toi malheureux, va dans la retraite, va expier sous la cendre et le cilice les FAUTES de ta déplorable ambition ; à ce prix tu peux encore mériter, sinon ton pardon, au moins d'être oublié. Mais loin de là, on dit que cet odieux courtisan, auteur de tant de persécutions, rêve encore le passé; si la France pouvait subir une seconde fois un pouvoir aussi dégradant, il faudrait désespérer d'elle à jamais.

COURTOIS.

Déclaration du Greffier de la justice de paix du canton de Souilly, qui, sous les ordres du baron Benoît, procédait à l'enlèvement des papiers du conventionnel Courtois.

Cette pièce constate la violence, qui a été faite à ce fonctionnaire pour lui interdire de faire l'inventaire des papiers saisis ainsi que le prescrit le Code d'instruction criminelle et l'arrêté du préfet de la Meuse, en date du 6 février 1816. Cette déclaration avait aussi pour objet d'établir que le testament de la Reine avait été volontairement remis. Cette seconde partie se trouvant sans objet puisque le fait n'a point été contesté, je rapporterai seulement ce qui concerne la violence à laquelle il a fallu céder. On excusera la simplicité de rédaction de cette pièce en faveur du motif louable qui dirigeait M. Mazilier. C'est par erreur que précédemment il a été qualifié de juge de paix.

« MM. Bremont, Robert, officiers de gendarmerie
» et l'adjoint de la commune de Rambluzin étaient
» présents lorsque je fus mortifié par M. de Benoît,
» pour avoir mis en avant que pour l'inventaire des
» papiers nous devions nous conformer à l'arrêté de
» M. le préfet, et que m'ayant demandé si je savais
» lire, je soumis à M. le suppléant, il avait été pro-
» fesseur, l'opinion que j'avais émise. Il dit qu'il lui
» semblait que je n'étais point en erreur; sur ce M.
» de Benoît lui répondit qu'il n'y entendait rien. Me
» voyant tout consterné et que pourtant il me fallait
» rédiger un acte pour lequel je n'entendais plus

» rien, j'eus recours à M. de Brémont, homme doux
» et affable. Nous fîmes ensemble le procès-verbal
» en cherchant autant que possible à concilier l'or-
» dre que j'avais reçu de M. de Benoît, avec les dis-
» positions arrêtées par M. le préfet. Je ne dus pas
» faire d'autres observations parce que j'étais en sous-
» ordre, et qu'au sujet de l'idée que j'avais manifestée
» que l'inventaire devait contenir le détail des pa-
» piers qui avaient été mis sous les scellés, je m'étais
» trouvé rebuté.

» *Signé*, MAZILIER.
» Pour copie conforme à l'original,
« COURTOIS. »

Paris. Imprimerie GOETSCHY fils et compagnie, rue Louis-
le Grand, n° 35.

www.ingramcontent.com/pod-product-compliance
Lightning Source LLC
Chambersburg PA
CBHW060712050426
42451CB00010B/1400